Le meilleur des **Espumas**

Isabelle DREYFUS

City Editions

Crédits des photographies :
Couverture : Denys Clément (photographe) / Isabelle Dreyfus (stylisme).
Toutes les photos intérieures sont de Denys Clément (photographe) / Isabelle Dreyfus (stylisme) sauf p.3 : Shutterstock.

Les recettes illustrées sont suivies d'un (*).

ISBN : 978-2-35288-136-0
Code Hachette : 50 5501 7

Rayon : Cuisine
Collection dirigée par Christian English & Frédéric Thibaud
Catalogue et manuscrits : www.city-editions.com

Dépôt légal : premier semestre 2008
Imprimé dans la C.E.E.

SOMMAIRE

C'est Ferran Adria, grand chef catalan, qui, le premier, a mis au point ces préparations. À cause de leur texture légère et aérienne, il les a baptisées « espumas » : écumes. Ces mousses sont réalisées dans un siphon à chantilly et peuvent être préparées en version chaude ou froide. Les recettes créées pour ce livre sont toutes froides, mais peuvent être associées à des préparations chaudes, poissons, volailles… Parfumées à l'envi, elles donnent lieu à de multiples variations aussi bien salées que sucrées et permettent des accords originaux et inattendus qui flatteront les yeux et le palais. Elles sont très faciles à réaliser à condition d'utiliser impérativement de la crème de bonne qualité, liquide, et surtout entière. Les chantilly sont moins fragiles que les écumes et tiennent un peu plus longtemps. Mais ces préparations sont éphémères et il faut les utiliser à la dernière minute.
Une fois la cartouche de gaz mise en place, veillez à toujours secouer énergiquement et longuement le siphon. Au moment de servir, il est préférable de secouer à nouveau le siphon. Tenez-le ensuite la tête en bas et appuyez sur la poignée pour faire sortir l'écume ou la chantilly. Une fois que vous avez bien compris le principe, la méthode est très simple et, en respectant quelques règles de base, elles sont inratables. Il est préférable toutefois de faire une recette de test avant de vous lancer.

Le matériel

Le siphon
Il s'achète dans les grandes surfaces, les magasins spécialisés en cuisine et sur Internet. Le siphon utilisé dans cet ouvrage a une capacité d'un demi-litre, ce qui est parfaitement suffisant pour l'usage ménager.

Les cartouches
Celles que l'on utilise pour les écumes ou les chantilly sont de couleur argentée. On se les procure également dans les grandes surfaces et sur Internet.

Le tamis ou la passoire fine
Il est indispensable de bien filtrer les préparations pour éviter que le siphon ne se bouche. Il existe des passoires munies d'une grille très fine en acier inoxydable qui évitera l'oxydation dans le cas de préparations acides. Vous pouvez également utiliser des filtres à thé ou à café pour les préparations très liquides.

Le mixeur
C'est un outil indispensable pour la plupart des préparations d'écumes et

de chantilly. Il permet de broyer très finement tous les ingrédients, leur donne la texture le plus lisse possible, tout en préservant les saveurs.

Les ingrédients

Chantilly

Pour les recettes de chantilly, la base est toujours la même : de la crème liquide et entière que l'on l'aromatise avec divers ingrédients plus ou moins liquides. S'il s'agit d'une purée ou d'un ingrédient solide, il faut toujours filtrer le mélange dans une passoire très fine ou dans un chinois afin d'en retirer tous les morceaux qui risqueraient de boucher le siphon. S'il s'agit d'un arôme liquide, le tamis n'est pas nécessaire.

Écumes

Les écumes présentées dans cet ouvrage sont toujours réalisées avec de la gélatine, indispensable à la bonne tenue finale. Le plus simple est d'utiliser de la gélatine en feuilles que l'on trouve dans tous les supermarchés et petits magasins de quartier. Il faut environ une demi-feuille pour 7 à 10 cl de liquide, et une feuille entière pour 15 à 20 cl. La quantité de gélatine est essentielle : avec trop de gélatine, la préparation sera trop prise et ne passera pas dans le siphon. S'il y en a trop peu, l'écume ne se formera pas et gardera une texture liquide. Il est indispensable de filtrer au chinois ou à travers une passoire fine toutes les préparations qui contiennent de la gélatine avant de les verser dans le siphon. Il est possible également d'utiliser du blanc d'œuf pour vos préparations ; dans ce cas, il est simplement mélangé à la préparation sans être chauffé au préalable.

Le mode d'emploi

Qu'il s'agisse d'écume ou de chantilly, la méthode est toujours la même : versez un liquide parfaitement filtré dans le siphon. Vérifiez que le joint est bien en place à l'intérieur du couvercle. Fermez en vissant à fond le couvercle. Placez la capsule de gaz dans le porte-cartouche. Vissez à fond, il faut entendre le gaz pénétrer dans le siphon. Attention, ne mettez pas la main sur le haut du porte-cartouche quand vous vissez. Un peu de gaz peut s'échapper et provoquer une brûlure. Secouez le siphon énergiquement et placez-le dans le réfrigérateur. Si le liquide est bien froid, une heure peu suffire avant l'utilisation. Mais le siphon peut aussi rester plusieurs heures au froid avant d'être utilisé.

Ailes de raie à l'écume de câpres

Facile

- Dans une petite poêle, faites chauffer à feu doux le beurre avec les câpres et l'échalote. Laissez fondre pendant 5 minutes avant d'ajouter le vin blanc et 10 cl d'eau. Laissez cuire, toujours à feu doux, pendant 10 minutes.
- Faites tremper la gélatine dans l'eau froide pendant 5 minutes. En fin de cuisson des échalotes, essorez la gélatine et ajoutez-la dans la poêle hors du feu.
- Mixez longuement le contenu de la poêle, puis filtrez-le à travers une passoire fine.
- Versez le tout dans le siphon, fermez-le, mettez la capsule de gaz et secouez vivement. Placez le siphon au réfrigérateur au moins 1 heure.
- Faites cuire les ailes de raie à la poêle dans du beurre. Servez-les accompagnées d'écume de câpres.

* *Ingrédients :*
4 petites ailes de raie (ou deux grandes)
20 câpres
1 échalote émincée
10 cl de vin blanc
30 g de beurre
2 brins d'estragon
Sel et poivre

* *Préparation : 10 mn*
* *Cuisson : 15 mn*
* *Pour 4 personnes*

Espadon fumé à l'écume d'agrumes*

Facile

- Faites tremper la gélatine dans l'eau froide pendant 5 minutes et faites chauffer le jus de citron vert dans une casserole. À ébullition, retirez du feu et incorporez-y la gélatine bien essorée.
- Ajoutez dans la casserole le jus d'orange, l'huile d'olive, le sel et le poivre. Remuez bien et filtrez le mélange dans une passoire fine.
- Versez dans le siphon, fermez-le, mettez la capsule de gaz et secouez vivement.
- Mettez au réfrigérateur au moins 1 heure.
- Au moment de servir, disposez les tranches d'espadon sur 4 assiettes. Secouez bien le siphon, et entourez les tranches de poisson d'écume d'agrumes.

* *Ingrédients :*
12 tranches d'espadon fumé
5 cl de jus d'orange pressé
Le jus de ½ citron vert
½ feuille de gélatine
1 c.s. d'huile d'olive
Sel et poivre

* *Préparation : 10 mn*
* *Cuisson : 1 mn*
* *Pour 4 personnes*

Vous pouvez également utiliser du thon fumé pour cette recette.

▸ Facile

Salade de chou & muscat
à l'écume d'anchois

* *Ingrédients :*
½ petit chou blanc
200 g de raisins muscat
6 filets d'anchois à l'huile
3 c.s. d'huile d'olive
1 c.s. de vinaigre de vin
1 grosse c.s. de moutarde
½ feuille de gélatine
Poivre

* *Préparation : 15 mn*
* *Cuisson : 1 mn*
* *Pour 4 personnes*

- Faites tremper la gélatine dans l'eau froide. Faites chauffer 3 cl d'eau dans une casserole. À ébullition, retirez du feu et incorporez-y la gélatine bien essorée. Laissez refroidir.
- Mixez longuement les anchois, la moutarde, l'huile, le vinaigre et le poivre. Passez à travers un tamis fin et mélangez avec la gélatine.
- Versez le tout dans le siphon, fermez-le, mettez la capsule de gaz et secouez plusieurs fois.
- Placez le siphon au réfrigérateur au moins 1 heure. Coupez très finement le chou en lamelles. Lavez et égrenez le raisin.
- Placez le tout dans un saladier et mélangez. Servez la salade accompagnée d'écume d'anchois.

Remplacez les anchois à l'huile par des anchois au sel, plus difficiles à trouver, mais nettement meilleurs.

▸ Facile

Légumes vapeur
à l'écume de betterave *

* *Ingrédients :*
800 g de légumes verts mélangés (haricots verts, pois gourmands, petits pois, fèves, asperges, etc…)
120 g de betterave cuite
2 c.s. de jus de citron
2 c.s. d'huile d'olive
1 cm de gingembre frais
20 cl d'eau froide
1 feuille de gélatine
Sel et poivre

* *Préparation : 15 mn*
* *Cuisson : 6 mn*
* *Pour 4 personnes*

- Épluchez la betterave et le gingembre. Coupez-les en morceaux et placez-les dans le bol du mixeur. Mixez longuement en ajoutant l'eau froide, l'huile d'olive, du sel et du poivre.
- Faites tremper la gélatine dans l'eau froide.
- Faites chauffer le jus de citron. À ébullition, retirez du feu et incorporez-y la gélatine bien essorée. Versez dans le mixeur avec le reste des ingrédients et mixez à nouveau.
- Passez ce jus de betterave dans une passoire fine. Versez le mélange dans le siphon, fermez-le, mettez la capsule de gaz et secouez vivement. Mettez au réfrigérateur au moins 1 heure.
- 10 minutes avant de servir, faites chauffer une grande casserole d'eau salée. Plongez les légumes verts nettoyés 5 minutes dans l'eau bouillante, égouttez-les, puis disposez-les dans 4 assiettes ou bols.
- Secouez le siphon et nappez les légumes d'écume de betterave. Servez aussitôt.

Tronçons de rouleaux de printemps à l'écume de soja

Moyen

- Épluchez l'échalote et coupez-la finement.
- Faites tremper la gélatine dans l'eau froide.
- Portez à ébullition le jus de citron avec l'échalote et 10 cl d'eau. Laissez cuire à feu doux pendant 10 minutes.
- Hors du feu, faites-y fondre la gélatine bien essorée.
- Filtrez dans une passoire fine, puis ajoutez le soja, le gingembre et du poivre.
- Versez dans le siphon, fermez-le, mettez la capsule de gaz et secouez vivement.
- Placez au réfrigérateur au moins 1 heure.
- Coupez les rouleaux de printemps en 4 tranches, disposez-les dans 4 assiettes et présentez l'écume de soja dans un bol à part.

* *Ingrédients :*
4 rouleaux de printemps
5 cl de sauce soja
1 c.c. de gingembre en poudre
le jus d'un citron vert
1 échalote
1 feuille de gélatine
Poivre

* *Préparation : 10 mn*
* *Cuisson : 10 mn*
* *Pour 4 personnes*

Calamars farcis à l'écume de tomates *

Moyen

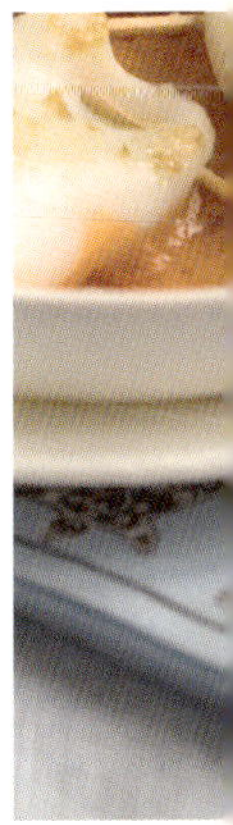

- Décongelez les calamars. Hachez finement 2 calamars et réservez les autres au réfrigérateur.Faites tremper le pain de mie dans du lait.
- Épluchez l'oignon et l'ail. Hachez très finement l'oignon et deux gousses d'ail. Ciselez finement le persil et le céleri.
- Dans un saladier, mélangez les morceaux de calamars, la mie de pain, l'oignon, l'ail haché, la moitié du persil, le céleri ciselé avec la chair à saucisse. Salez, poivrez et mélangez à nouveau. Réservez au froid.
- Mixez longuement les tomates avec le jus de citron, l'ail et le persil restants. Salez et poivrez. Faites chauffer cette préparation à ébullition. Retirez du feu et incorporez la gélatine préalablement ramollie dans l'eau froide.
- Filtrez le mélange à travers une passoire fine. Laissez-le refroidir. Versez-le dans le siphon, fermez-le, mettez la capsule de gaz et secouez vivement. Mettez au réfrigérateur au moins 1 heure.
- Remplissez les calamars avec la farce, à moitié seulement. Avant de servir, faites chauffer l'huile dans une grande poêle, faites-y sauter les calamars en les retournant souvent pendant 10 minutes.
- Servez aussitôt accompagnés d'écume de tomates froide.

* *Ingrédients :*
18 petits calamars surgelés
100 g de chair à saucisse
5 gousses d'ail
1 oignon
2 tranches de pain de mie
200 g de tomates pelées en boîte
6 branches de persil
1 feuille de céleri
1 c.s. de jus de citron
1 feuille de gélatine
5 cl de lait
Huile d'olive, sel et poivre

* *Préparation : 20 mn*
* *Cuisson : 15 mn*
* *Pour 4 personnes*

▶ Moyen

Soles à l'écume de champignons

* *Ingrédients :*
8 filets de sole
300 g de champignons des bois surgelés
5 cl de crème liquide entière
1 gousse d'ail
2 c.s. d'huile d'olive
Sel et poivre

* *Préparation : 15 mn*
* *Cuisson : 25 mn*
* *Pour 4 personnes*

- Mettez dans une poêle les champignons encore surgelés à feu doux. Ajoutez la gousse d'ail coupée en deux. Remuez et laissez les champignons décongeler.
- Quand le liquide est presque évaporé, versez l'huile et augmentez le feu. Remuez souvent pendant 5 mn. Les champignons doivent être tendres. Versez la crème liquide et remuez pendant 3 mn.
- Passez les champignons et le contenu de la poêle au mixeur afin d'obtenir une purée lisse. Filtrez dans une passoire fine et laissez refroidir. Versez le mélange dans le siphon, fermez-le, mettez la capsule de gaz et secouez vivement. Placez au réfrigérateur au moins 1 h.
- Faites cuire les filets de sole doucement avec du beurre. Servez aussitôt avec l'écume de champignons et du riz blanc.

Pour une plus jolie présentation, roulez les filets de sole et attachez-les avec une petite ficelle de cuisine

▶ Moyen

Oursins & écume d'asperges vertes *

* *Ingrédients :*
8 oursins
12 asperges vertes
1 c.s. de crème épaisse
1 feuille de gélatine
20 cl d'eau
Sel
Poivre

* *Préparation : 20 mn*
* *Cuisson : 6 mn*
* *Pour 4 personnes*

- Faites cuire les asperges dans une casserole d'eau bouillante salée pendant 5 minutes. Égouttez-les, en gardant 20 cl de jus de cuisson, et plongez-les dans un saladier d'eau froide. Réservez 8 pointes d'asperges et coupez le reste en morceaux. Mixez les morceaux d'asperges avec la crème fraîche et la moitié de l'eau de cuisson. Salez et poivrez. Passez le tout à travers une passoire fine.
- Faites tremper la gélatine dans l'eau froide. Faites chauffer le reste de jus de cuisson des asperges. À ébullition, retirez du feu et incorporez-y la gélatine bien essorée. Mélangez à la crème d'asperges filtrée.
- Versez le tout dans le siphon, fermez-le, mettez la capsule de gaz et secouez plusieurs fois. Placez le siphon au réfrigérateur au moins 1 heure. Coupez le dessus des oursins aux ciseaux. Videz-les en ne gardant que les lamelles orangées de corail et réservez au frais.
- Au moment de servir, emplissez l'intérieur des oursins avec l'écume d'asperges. Décorez avec une pointe d'asperge et servez aussitôt.

Sashimi de saumon
à l'écume de wasabi*

Facile

- Faites tremper la gélatine dans l'eau froide pendant 5 minutes. Faites chauffer le vin blanc. À ébullition, retirez du feu et incorporez la gélatine bien essorée.
- Mélangez le wasabi avec 10 cl d'eau froide, puis ajoutez le mélange vin blanc/gélatine, le gingembre, du sel et du poivre. Fouettez longuement.
- Versez le mélange dans le siphon, fermez-le, mettez la capsule de gaz et secouez vivement. Mettez au réfrigérateur au moins 1 heure.
- Coupez le poisson en fines tranches et disposez-les dans 4 assiettes. Accompagnez le sashimi de saumon d'écume de wasabi et servez aussitôt.

Essayez cette recette avec du thon frais ou de la dorade. Le wasabi se trouve aussi bien en poudre qu'en pâte.

* *Ingrédients :*
600 g de saumon frais
5 cl de vin blanc
1 c.c. de wasabi en poudre
1 c.c. de gingembre en poudre
1 feuille de gélatine
Sel et poivre

* *Préparation : 10 mn*
* *Cuisson : 1 mn*
* *Pour 4 personnes*

Filets de bar à l'écume d'algues

Moyen

- Faites chauffer les 15 cl d'eau avec les algues. Portez à ébullition et laissez cuire à feu doux pendant 10 minutes. Couvrez et laissez refroidir dans la casserole.
- Faites tremper la gélatine dans l'eau froide et portez le vin blanc à ébullition. Retirez du feu, incorporez la gélatine essorée et laissez refroidir. Mixez longuement les algues et leur jus.
- Ajoutez le mélange vin blanc/gélatine et le jus de citron, du sel si nécessaire et du poivre. Filtrez à travers une passoire fine.
- Versez le mélange dans le siphon, fermez-le, mettez la capsule de gaz et secouez vivement.
- Mettez au réfrigérateur au moins 1 heure. Juste avant de servir, poêlez les filets de bar très légèrement farinés.
- Servez les filets bien chauds accompagnés de l'écume froide.

Les algues se trouvent de plus en plus dans les supermarchés sous forme déshydratée et même au rayon frais.

* *Ingrédients :*
4 filets de bar
50 g d'algues sèches
5 cl de vin blanc
15 cl d'eau
Le jus de ½ citron
1 feuille de gélatine

* *Préparation : 10 mn*
* *Cuisson : 12 mn*
* *Pour 4 personnes*

▶ Moyen

Émincés d'onglet à l'écume d'échalote

* *Ingrédients :*
  600 g d'onglet de bœuf
  6 grosses échalotes
  40 g de beurre
  1 c.s. de crème fraîche
  1 c.s. de vinaigre de vin rouge
  Huile d'olive
  1 feuille de gélatine
  Sel et poivre

* *Préparation : 20 mn*
* *Cuisson : 20 mn*
* *Pour 4 personnes*

- Épluchez et ciselez les échalotes. Faites-les revenir doucement à la poêle dans le beurre. Remuez souvent et ne laissez pas colorer.
- Quand les échalotes sont bien fondues, versez le vinaigre, remuez et incorporez la crème fraîche. Mixez longuement afin d'obtenir une purée lisse. Ajoutez 10 cl d'eau et filtrez dans une passoire fine. Versez 5 cl de ce mélange dans une casserole. Faites tremper la gélatine dans l'eau froide pendant 5 minutes.
- Portez le mélange à ébullition, retirez du feu et incorporez-y la gélatine bien essorée. Mélangez avec le bouillon d'échalote et laissez refroidir complètement. Versez dans le siphon, fermez-le, mettez la cartouche de gaz et secouez vivement. Mettez au réfrigérateur au moins 1 heure.
- Au moment de servir, faites revenir à feu vif l'onglet coupé en lanières dans une poêle avec l'huile. Ne laissez pas cuire plus de 3 ou 4 minutes et servez avec l'écume d'échalote et des pommes de terre sautées.

▶ Moyen

Brochettes de cailles
à l'écume de raisins muscats*

* *Ingrédients :*
  4 cailles sans la tête
  Le jus d'un citron
  5 grains de coriandre écrasés
  2 c.s. de persil plat ciselé
  5 c.s. d'huile d'olive
  200 g de raisins muscats
  1 feuille de gélatine
  Sel et poivre

* *Préparation : 15 mn*
* *Cuisson : 17 mn*
* *Pour 4 personnes*

- Avec un couteau très aiguisé, coupez les cailles en deux dans le sens de la longueur. Rangez-les dans un grand plat creux. Arrosez-les avec le jus de citron, 4 c.s. d'huile d'olive, le persil haché, les grains de coriandre écrasés. Salez et poivrez.
- Mélangez et laissez mariner pendant 1 h en retournant les cailles. Entre-temps, mixez le raisin et filtrez le mélange à travers une passoire fine. Faites tremper la gélatine dans l'eau froide.
- Portez 3 c.s. d'eau à ébullition. Retirez du feu et faites-y fondre la gélatine bien essorée. Mettez au réfrigérateur au moins 1 heure. Fouettez ensuite le mélange avec le jus de raisin.
- Versez dans le siphon, fermez-le, mettez la capsule de gaz et secouez vivement. Un quart d'heure avant de servir, essuyez les cailles, piquez deux moitiés sur chaque brochette et passez-les au gril du four ou au barbecue pendant 7 minutes de chaque côté.
- Servez les cailles bien chaudes, accompagnées d'écume au raisin muscat.

Moyen ◄

Escalopes de veau
à l'écume de marsala

- Faites chauffer la crème dans une casserole avec les feuilles de sauge.
- Laissez infuser à feu doux pendant 10 minutes avant de retirer les feuilles. Ajoutez le marsala.
- Laissez refroidir avant de verser dans le siphon. Fermez-le, mettez la capsule de gaz et secouez vivement. Placez dans le réfrigérateur au moins 1 heure.
- Au moment de servir, faites revenir les escalopes de veau à la poêle dans du beurre.
- Servez bien chaud accompagné d'écume de marsala.

Les Italiens font souvent des recettes avec des escalopes coupées en escalopines, des morceaux d'environ 5 cm de côté.

* *Ingrédients :*
4 escalopes de veau
4 c.s. de marsala sec
10 cl de crème liquide épaisse
Beurre
4 feuilles de sauge
Sel et poivre

* *Préparation : 10 mn*
* *Cuisson : 15 mn*
* *Pour 4 personnes*

Moyen ◄

Lapin rôti à l'écume de moutarde *

- Faites tremper la gélatine dans l'eau froide pendant 5 minutes. Portez le vin blanc à ébullition. Retirez du feu et faites fondre la gélatine bien essorée.
- Dans un bol, mélangez la moutarde, le vinaigre, le mélange vin blanc gélatine, 6 cl d'eau froide et une c.s. d'huile d'olive. Salez et poivrez. Filtrez le mélange dans une passoire fine.
- Versez dans le siphon, fermez-le, mettez la capsule de gaz et secouez vivement. Mettez au réfrigérateur au moins 1 heure.
- Une demi-heure avant de servir, placez les râbles de lapin dans un plat allant au four, arrosez-les d'huile d'olive et de thym. Salez et poivrez. Faites-les cuire à four chaud pendant environ 25 minutes.
- Servez les râbles accompagnés d'écume de moutarde et de fèves juste blanchis.

Essayez cette recette avec des moutardes parfumées, comme celle à la violette ou bien au miel.

* *Ingrédients :*
4 râbles de lapin
4 c.s. de moutarde forte
2 c.s. de vin blanc
1 c.s. de vinaigre
1 feuille de gélatine
3 c.s. d'huile d'olive
Thym
Sel et poivre

* *Préparation : 15 mn*
* *Cuisson : 27 mn*
* *Pour 4 personnes*

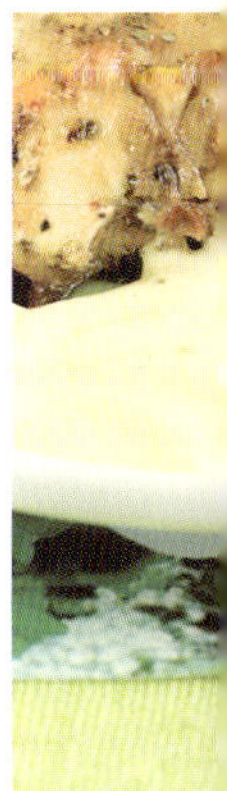

Facile

Hot-dogs à l'écume de ketchup

* *Ingrédients :*
  4 petits pains à hot-dog
  4 saucisses de Francfort
  1 c.s. de moutarde forte
  5 cl de ketchup
  1 c.s. de vinaigre de vin blanc
  ½ c.c. de sel de céleri
  1 feuille de gélatine

* *Préparation : 10 mn*
* *Cuisson : 6 mn*
* *Pour 4 personnes*

- Faites tremper la gélatine dans un bol d'eau froide pendant 5 minutes. Portez à ébullition 10 cl d'eau et, hors du feu, faites-y fondre la gélatine.
- Mélangez au contenu de la casserole le ketchup, le vinaigre et le sel de céleri. Fouettez. Laissez refroidir.
- Versez ensuite le mélange dans le siphon, fermez-le, mettez la capsule de gaz et secouez vivement.
- Placez dans le réfrigérateur au moins 1 heure.
- Plongez les saucisses dans une casserole d'eau bouillante pendant 5 minutes.
- Ouvrez les petits pains sur un côté et passez-les au grille-pain afin de les chauffer un peu. Tartinez-les de moutarde.
- Posez une saucisse dans chaque petit pain et couvrez toute la longueur d'écume de ketchup. Servez aussitôt.

Essayez également cette recette d'écume de ketchup avec des hamburgers.

Tartare de dorade
à la chantilly de citron jaune & citronnelle

Facile

- Prélevez avec une râpe fine le zeste de ½ citron, réservez. Pressez le jus du citron et demi. Coupez la citronnelle en fines rondelles.
- Dans une casserole, faites chauffer la crème liquide avec la citronnelle. À ébullition, couvrez la casserole et laissez infuser pendant 10 minutes.
- Filtrez dans une passoire fine et ajoutez le jus de citron. Salez et poivrez et mélangez bien. Versez ensuite dans le siphon, fermez-le, mettez la cartouche de gaz et secouez vivement.
- Placez au réfrigérateur au moins 1 heure. Une demi-heure avant de servir, coupez la dorade en petits cubes. Ciselez finement la coriandre.
- Dans un saladier, mélangez le poisson, la coriandre et le zeste de citron. Salez et poivrez. Laissez mariner 20 minutes.
- Intercalez dans des verres du tartare de dorade et de la chantilly de citron et citronnelle. Finissez avec la chantilly. Servez aussitôt.

* *Ingrédients :*
600 g de dorade crue
10 cl de crème liquide entière
1 ½ citron
1 tige de citronnelle fraîche (ou 1 grosse c.s. de citronnelle sèche)
8 brins de coriandre
Sel et poivre

* *Préparation : 20 mn*
* *Cuisson : 1 mn*
* *Pour 4 personnes*

Saumon fumé à la chantilly d'aneth

Facile

- Épluchez l'échalote et coupez-la en morceaux.
- Mixez longuement l'échalote, l'aneth et les câpres avec le jus de citron.
- Mélangez le contenu du mixeur avec la crème liquide.
- Laissez reposer 10 minutes avant de filtrer dans une passoire fine.
- Versez dans le siphon, fermez-le, mettez la capsule de gaz et secouez vivement. Placez au réfrigérateur au moins 1 heure.
- Posez une tranche de saumon sur le plan de travail et formez un boudin de chantilly à l'aneth au centre de la tranche. Roulez la tranche en forme de cigare. Répétez l'opération avec les 7 autres tranches de saumon.
- Servez deux cigares de saumon par personne, accompagnés d'une salade de pousses d'épinard.

Si vous n'aimez pas l'aneth, essayez cette recette avec de la menthe ou de l'estragon.

* *Ingrédients :*
8 tranches de saumon fumé
15 cl de crème liquide entière
1 bouquet d'aneth
5 câpres
1 échalote
Le jus d'un citron
Sel et poivre

* *Préparation : 20 mn*
* *Pour 4 personnes*

Courgettes à la chantilly de Rocamadour

Moyen

- Mixez la moitié de la crème avec le Rocamadour et le cumin jusqu'à l'obtention d'une crème lisse. Ajoutez le reste de crème, mélangez. Goûtez, salez et poivrez. Versez le mélange dans le siphon, fermez-le, mettez la capsule de gaz et secouez vivement. Placez au réfrigérateur au moins 1 heure.
- Lavez les courgettes, coupez les extrémités et taillez-les en grosses lanières avec un couteau économe. Évitez la partie avec les graines.
- Faites bouillir une casserole d'eau salée et plongez les courgettes 1 minute dans l'eau bouillante. Égouttez-les et plongez-les dans un saladier d'eau froide. Égouttez-les à nouveau. Épongez les lanières dans du papier absorbant. Servez les tagliattelles de courgettes mélangées à la chantilly de Rocamadour.

Vous pouvez changer le Rocamadour par un autre fromage de chèvre ou de brebis.

* *Ingrédients :*
6 courgettes fermes
10 cl de crème liquide entière
1 Rocamadour
½ c.c. de cumin
Sel et poivre

* *Préparation : 15 mn*
* *Cuisson : 1 mn*
* *Pour 4 personnes*

Salade de fenouil, céleri & noix
à la chantilly de roquefort*

Facile

- Mixez ensemble le roquetort, le cognac et la crème liquide avec du poivre.
- Versez dans le siphon, fermez-le, mettez la capsule de gaz et secouez vivement.
- Placez le siphon au réfrigérateur au moins 1 heure.
- Lavez les fenouils et le céleri. Réservez quelques feuilles. Coupez les fenouils en fines lamelles et le céleri en bâtonnets. Concassez grossièrement les cerneaux.
- Placez dans 4 assiettes le fenouil, le céleri et les noix en décorant de feuilles de céleri.
- Disposez sur le dessus des petites portions de chantilly au roquefort.

Changez de fromage et utilisez du bleu d'Auvergne pour cette recette.

* *Ingrédients :*
2 fenouils
8 branches de céleri
20 cerneaux
10 cl de crème liquide entière
50 g de roquefort
1 c.s. de cognac
Sel et poivre

* *Préparation : 15 mn*
* *Pour 4 personnes*

▶ Moyen

Fèves vapeur
à la chantilly de jambon serrano *

* *Ingrédients :*
  600 g de fèves surgelées et pelées
  10 cl de crème liquide entière
  40 g de jambon cru
  ½ petite gousse d'ail
  1 pincée de piment d'Espelette
  1 c.s. d'huile d'olive
  Sel et poivre

* *Préparation : 10 mn*
* *Pour 4 personnes*

- Mixez longuement le jambon avec l'huile d'olive, l'ail, le piment d'Espelette, du poivre et la moitié de la crème.
- Ajoutez ensuite le reste de la crème. Mélangez avec une cuillère. Filtrez le mélange dans une passoire fine. Goûtez et salez si nécessaire.
- Versez la préparation au jambon dans le siphon, fermez-le, mettez la capsule de gaz et secouez vivement. Mettez au réfrigérateur au moins 1 heure.
- Au dernier moment, faites cuire les fèves le temps indiqué sur le paquet. Égouttez-les et servez-les aussitôt, accompagnées de chantilly au jambon.

Faites également cette recette avec du jambon de Parme, ou un bon jambon cru français type Bayonne.

▶ Moyen

Crabes à la chantilly d'avocat & tabasco

* *Ingrédients :*
  2 grosses boîtes de crabe
  2 avocats
  10 cl de crème liquide entière
  3 traits de tabasco
  Le jus d'un citron vert
  4 oignons nouveaux
  Sel et poivre

* *Préparation : 15 mn*
* *Pour 4 personnes*

- Pelez les avocats et prélevez la chair. Mixez-la avec le jus de citron vert afin d'obtenir une purée lisse.
- Ajoutez le tabasco et la crème liquide, et mélangez à la cuillère en bois. Goûtez, salez et poivrez.
- Versez le mélange dans le siphon, fermez-le, mettez la capsule de gaz et secouez vivement. Placez au réfrigérateur au moins 1 h.
- Ouvrez les boîtes de crabe, retirez les cartilages des pinces et égouttez bien la chair.
- Nettoyez les oignons en leur laissant 5 cm de queue verte. Ciselez-les finement. Dans un saladier, mélangez le crabe et les oignons ciselés.
- Au moment de servir, mettez une grosse cuillère de chair de crabe au fond de 4 verres, ajoutez ensuite de la chantilly d'avocats et recommencez l'opération plusieurs fois. Servez aussitôt

Choisissez pour cette recette du crabe de haut de gamme, plus cher mais bien meilleur.

Moyen ◀

Hareng fumé & carottes
à la chantilly d'oignons rouges

- Épluchez les oignons rouges. Gardez-en un et placez les 2 autres dans le bol du mixeur.
- Mixez longuement et versez dans un bol avec la crème fraîche et l'huile.
- Poivrez et salez très légèrement.
- Mélangez et laissez infuser pendant 30 minutes.
- Au bout de ce temps, filtrez à travers une passoire fine.
- Versez la crème à l'oignon dans le siphon, fermez-le, mettez la capsule de gaz et secouez vivement.
- Placez au réfrigérateur au moins 1 heure.
- Passez sous l'eau fraîche les filets de hareng, puis épongez-les.
- Épluchez et coupez les carottes en fines rondelles.
- Disposez dans chaque assiette 2 filets de hareng, des rondelles de carottes et de la chantilly d'oignons.
- Décorez avec l'oignon restant coupé en demi-rondelles.

Il est également possible de faire cette recette avec des oignons doux blancs ou même des oignons jaunes plus forts.

* *Ingrédients :*
8 filets de hareng fumé
15 cl de crème fraîche liquide entière
2 carottes
3 petits oignons rouges
2 c.s. d'huile d'arachide
Poivre

* *Préparation : 15 mn*
* *Pour 4 personnes*

▶ Facile

Filets de rouget à la chantilly de tapenade *

* *Ingrédients :*
  4 beaux rougets en filets
  10 cl de crème liquide entière
  40 g de tapenade noire
  Sel
  Poivre

* *Préparation : 10 mn*
* *Pour 4 personnes*

- Placez la crème et la tapenade dans le mixeur avec du poivre. Mixez longuement.
- Mettez dans un bol, puis couvrez de film transparent et placez au réfrigérateur pendant 1 ½ heure environ.
- Au bout de ce temps, passez la crème à travers une passoire.
- Versez dans le siphon, fermez-le, mettez la capsule de gaz et secouez vivement.
- Placez le siphon au réfrigérateur au moins 1 heure.
- Faites poêler les filets de rouget dans l'huile d'olive. Servez-les bien chauds avec la chantilly froide.

Essayez avec de la tapenade verte !

▶ Moyen

Morue pochée à la chantilly d'ailloli

* *Ingrédients :*
  4 pavés de morue dessalée
  20 cl de lait
  20 cl de crème liquide entière
  1 c.s. de moutarde
  1 jaune d'œuf
  2 c.s. d'huile d'olive
  1 gousse d'ail
  1 grosse pincée de piment
  Sel et poivre

* *Préparation : 15 mn*
* *Cuisson : 8 mn*
* *Pour 4 personnes*

- Faites chauffer la crème dans une casserole avec la gousse d'ail. Portez à ébullition et laissez infuser à couvert 10 minutes.
- Retirez la gousse d'ail et laissez refroidir. Mélangez la crème, la moutarde, le jaune d'œuf, le piment et l'huile d'olive. Versez dans le siphon, fermez-le, mettez la capsule de gaz et secouez vivement.
- Laissez au réfrigérateur au moins 1 heure.
- Faites chauffer le lait et 30 cl d'eau dans une casserole.
- À ébullition, faites pocher la morue dans le liquide pendant 5 à 8 minutes en fonction de l'épaisseur.
- Égouttez et servez aussitôt accompagné de chantilly à l'ailloli.

Faites dessaler la morue 48 heures dans un grand saladier d'eau froide en changeant l'eau de temps en temps.

Merlan poêlé à la chantilly de persil *

Moyen

- Hachez finement le persil ou bien mixez-le.
- Versez la crème fraîche dans une casserole et ajoutez le persil haché.
- Faites chauffer doucement la crème et, à ébullition, couvrez la casserole et éteignez le feu. Laissez infuser pendant 15 minutes.
- Filtrez à travers une passoire fine la crème au persil. Versez-la dans le siphon, fermez-le, mettez la capsule de gaz et secouez.
- Placez au réfrigérateur au moins 1 heure. Faites cuire les filets de merlan légèrement farinés dans de l'huile.
- Servez le poisson bien chaud avec la chantilly au persil froide et décorez de pluches de persil.

Vous pouvez utiliser pour cette recette de tout petits merlans entiers plongés 3 minutes dans l'huile à frire.

* *Ingrédients :*
4 beaux filets de merlan
50 g de persil + 1 brin pour décorer
15 cl de crème liquide entière
Sel et poivre

* *Préparation : 10 mn*
* *Pour 4 personnes*

Haddock poché
à la chantilly de beurre blanc persillé

Facile

- Épluchez les échalotes et hachez-les. Ciselez finement le persil.
- Faites fondre le beurre dans une poêle et faites-y revenir à feu doux les échalotes pendant 5 minutes. Au bout de ce temps, ajoutez le persil et le vin blanc. Faites cuire à feu vif pendant 1 minute.
- Mixez le contenu de la poêle et ajoutez au beurre blanc. Filtrez dans une passoire fine.
- Versez dans le siphon, fermez-le, mettez la capsule de gaz et secouez vivement. Placez au réfrigérateur au moins 1 heure. Dans une casserole, faites bouillir le lait et ½ litre d'eau.
- À ébullition, baissez le feu et faites-y pocher le haddock pendant environ 5 minutes. Servez bien chaud accompagné de beurre blanc persillé.

Utilisez du persil plat qui a beaucoup plus de goût que le frisé.

* *Ingrédients :*
600 g de filet de haddock sans la peau
15 cl de bon beurre blanc acheté dans le commerce
2 échalotes
5 cl de vin blanc
30 g de beurre
1 petit bouquet de persil
½ litre de lait
Sel et poivre

* *Préparation : 15 mn*
* *Cuisson : 10 mn*
* *Pour 4 personnes*

▶ Facile

Émincés de poulet
à la chantilly de safran *

* *Ingrédients :*
  4 petits filets de poulet
  15 cl de crème liquide entière
  1 grosse pincée de filaments de safran
  Sel
  Poivre

* *Préparation : 10 mn*
* *Cuisson : 25 mn*
* *Pour 4 personnes*

- Faites chauffer la crème avec le safran dans une casserole.
- À ébullition, couvrez et éteignez le feu. Laissez infuser 15 minutes. Filtrez la crème, salez et poivrez. Versez dans le siphon, fermez-le, mettez la capsule de gaz et secouez vivement.
- Placez au réfrigérateur au moins 1 heure.
- Faites cuire les filets de poulet à la poêle pendant 20 minutes à feu doux en les retournant de temps en temps.
- Tranchez les filets de poulet en lamelles épaisses, placez-les sur 4 assiettes, puis disposez un dôme de chantilly de safran. Servez aussitôt.

Vous pouvez aussi utiliser de la poudre de safran.

▶ Facile

Souris d'agneau vapeur
à la chantilly de cumin

* *Ingrédients :*
  4 souris d'agneau
  15 cl de crème liquide entière
  1 c.s. de grains de cumin
  1 c.s. de cumin en poudre
  1 pincée de piment
  1 pincée de coriandre en poudre
  Le jus d'un citron
  Sel et poivre

* *Préparation : 10 mn*
* *Cuisson : 1 h*
* *Pour 4 personnes*

- Fouettez la crème liquide avec le cumin en poudre, le piment, la coriandre et le jus de citron. Goûtez, salez et poivrez.
- Versez dans le siphon, fermez-le, mettez la capsule de gaz et secouez vivement.
- Placez au réfrigérateur au moins 1 heure.
- Versez beaucoup d'eau dans le cuit-vapeur, ajoutez le cumin en grains et du gros sel.
- Faites cuire les souris d'agneau 1 heure à la vapeur de cumin. Servez les souris d'agneau accompagnées de chantilly au cumin.

Aujourd'hui, on trouve facilement des souris d'agneau « portion » chez le boucher.

Tournedos à la chantilly de foie gras

Moyen ◄

- Mixez longuement le foie gras, la confiture de figues et le tiers de la crème liquide.
- Mélangez ensuite avec le reste de crème et filtrez dans une passoire fine. Goûtez, salez et poivrez.
- Versez dans le siphon, fermez-le, mettez la capsule de gaz et secouez vivement. Placez au réfrigérateur au moins 1 heure.
- Faites saisir les tournedos des deux côtés à feu vif, puis faites-les cuire à feu doux.
- Servez les tournedos bien chauds accompagnés de chantilly de foie gras et de pommes de terre sautées.

Essayez également cette recette en mettant de la pâte de coing à la place de la confiture de figues.

* *Ingrédients :*
4 tournedos de filet de bœuf
80 g de foie gras mi-cuit
15 cl de crème liquide entière
1 grosse c.s. de confiture de figues
Sel et poivre

* *Préparation : 10 mn*
* *Cuisson : 5 à 8 mn*
* *Pour 4 personnes*

Magret grillé
à la chantilly de figues & miel*

Moyen ◄

- Nettoyez les 5 figues, retirez le bout de la queue et coupez-les en quatre.
- Placez-les dans le mixeur avec le miel. Mixez longuement et mettez dans un bol avec la crème fraîche.
- Mélangez bien et filtrez à travers une passoire fine.
- Versez dans le siphon, fermez-le, mettez la capsule de gaz et secouez vivement. Placez au réfrigérateur au moins 1 heure.
- Incisez la peau grasse des magrets en croisillons.
- Placez-les, côté peau, dans une poêle très chaude et faites cuire 15 minutes à feu très doux en retirant le gras de temps en temps. Au dernier moment, retournez les magrets et faites-les cuire côté chair pendant 2 minutes.
- Tranchez et placez dans 4 assiettes chaudes. Servez les magrets accompagnés de chantilly aux figues et décorés de figues fraîches.

* *Ingrédients :*
2 beaux magrets frais
5 figues plus 4 pour le décor
15 cl de crème liquide entière
120 g de miel liquide
Sel et poivre

* *Préparation : 10 mn*
* *Cuisson : 20 mn*
* *Pour 4 personnes*

▶ Facile

Confiture d'orange amère
& chantilly de riz au lait *

* *Ingrédients :*
  2 petits pots de riz au lait du commerce (150 g)
  10 cl de crème fraîche liquide entière
  30 g de miel d'oranger
  1 pincée de cannelle
  5 grosses c.s. de marmelade d'oranges amères

* *Préparation : 15 mn*
* *Pour 4 personnes*

- Mixez longuement la crème fraîche et le riz au lait.
- Versez ce mélange dans une passoire et filtrez-le au-dessus d'un bol. Ajoutez la cannelle et le miel. Mélangez.
- Versez le tout dans le siphon, fermez-le, mettez la capsule de gaz et secouez vivement. Placez au réfrigérateur pendant 2 heures.
- Versez une petite quantité de marmelade d'oranges au fond de 4 verres. Placez dessus un peu de chantilly de riz au lait, puis recommencez l'opération deux ou trois fois en terminant par la chantilly.
- Servez aussitôt.

Ce dessert n'est que meilleur si vous utilisez un reste de riz au lait fait maison.

▶ Moyen

Chantilly de bananes caramélisées
à la cannelle

* *Ingrédients :*
  5 bananes mûres
  50 g de beurre
  80 g de sucre en poudre
  15 cl de crème liquide entière
  1 c.c. de cannelle en poudre

* *Préparation : 15 mn*
* *Cuisson : 20 mn*
* *Pour 4 personnes*

- Épluchez les bananes et coupez-les en grosses rondelles. Faites chauffer le beurre dans une poêle et ajoutez les rondelles de banane.
- Faites cuire à feu très doux pendant 15 minutes en retournant de temps en temps. Cinq minutes avant la fin de la cuisson, versez le sucre et la cannelle, et retournez délicatement les bananes afin de les enrober.
- Disposez la moitié des morceaux de banane dans des ramequins et placez le reste dans le mixeur avec le jus de cuisson. Mixez longuement avant d'ajouter la crème liquide. Mélangez bien.
- Filtrez dans une passoire fine. Versez dans le siphon, fermez-le, mettez la capsule de gaz et secouez vivement. Placez au réfrigérateur au moins 1 heure. Au moment de servir, finissez de remplir les ramequins de chantilly à la banane. Servez aussitôt.

Utilisez pour cette recette du beurre aux cristaux de sel. Ce sera encore meilleur.

Moyen ◄

Crêpes à la chantilly de Cointreau
avec salade d'oranges

- Fouettez le Cointreau, le sucre, 1 cuillère de fleur d'oranger et la crème liquide. Versez dans le siphon, fermez-le, mettez la capsule de gaz et secouez énergiquement. Placez au réfrigérateur au moins 1 heure.
- Pelez les oranges à vif en retirant la petite peau fine avec un couteau aiguisé.
- Coupez les oranges en rondelles puis en petits morceaux. Placez-les dans un saladier avec la fleur d'oranger restante. Faites tiédir les crêpes.
- Au dernier moment, disposez sur les crêpes tièdes des petites portions de chantilly au Cointreau, puis pliez-les en quatre et servez avec la salade d'oranges.

Si vous avez le temps, faites vos crêpes vous-même !

* *Ingrédients :*
4 crêpes
3 oranges
15 cl de crème liquide entière
3 c.s. de Cointreau
60 g de sucre
3 c.s. d'eau de fleur d'oranger

* *Préparation : 20 mn*
* *Pour 4 personnes*

Facile ◄

Manchego à la chantilly
de gelée de coings*

- Faites fondre légèrement la gelée de coings dans une casserole ou au micro-ondes.
- Mélangez longuement avec la crème fraîche.
- Versez dans le siphon, fermez-le, mettez la capsule de gaz et secouez vivement.
- Placez au réfrigérateur pendant au moins 1 heure.
- Coupez le manchego en fines lamelles et placez-les dans 4 assiettes.
- Faites des petits dômes de chantilly aux coings et servez aussitôt.

Si vous ne trouvez pas de manchego, essayez avec du fromage de brebis basque.

* *Ingrédients :*
120 g de manchego
8 c.s. de gelée de coings
10 cl de crème fraîche liquide

* *Préparation : 5 mn*
* *Pour 4 personnes*

▸ Facile

Pommes rôties
à la chantilly de calvados

* *Ingrédients :*
  4 pommes
  40 g de beurre
  120 g de sucre en poudre
  4 c.s. de calvados
  15 cl de crème liquide entière

* *Préparation : 15 mn*
* *Cuisson : 30 mn*
* *Pour 4 personnes*

- Fouettez la crème liquide avec le calvados et 70 g de sucre. Versez le mélange dans le siphon, fermez-le, mettez la capsule de gaz et secouez vivement.
- Lavez les pommes et essuyez-les. Coupez un chapeau en haut des pommes et creusez l'intérieur afin de retirer les pépins.
- Dans chaque cavité, ajoutez du beurre et répartissez les 50 g de sucre restant. Remettez les chapeaux.
- Rangez les pommes dans un plat à four et mettez ½ cm d'eau au fond. Faites cuire au four préchauffé à 180°C (th 6) pendant 30 minutes.
- Laissez tiédir les pommes, puis retirez les chapeaux et remplissez la cavité de chantilly au calvados.
- Servez aussitôt.

▸ Difficile

Millefeuilles de brick
à la chantilly de goyave *

* *Ingrédients :*
  150 g de goyave mûre et épluchée
  15 cl de crème liquide entière
  5 cl de sirop de canne
  8 feuilles de brick
  1 c.s. de rhum brun

* *Préparation : 15 mn*
* *Cuisson : 10 mn*
* *Pour 4 personnes*

- Mixez longuement la goyave avec le sirop de canne. Filtrez dans une passoire fine. Ajoutez la crème liquide et mélangez.
- Versez dans le siphon, fermez-le, mettez la capsule de gaz et secouez vivement. Placez au réfrigérateur au moins 1 heure.
- Mélangez le rhum avec une c.s. d'eau froide. Coupez les feuilles de brick en quatre morceaux. Badigeonnez-les au pinceau avec le rhum. Posez-les sur une feuille de papier sulfurisé et mettez-les dans le four préchauffé à 210°C (th 7). Laissez-les dorer environ 10 minutes. Les feuilles doivent être colorées et craquantes.
- Dans une assiette, superposez deux morceaux de feuille de brick et faites des petites portions de chantilly de goyave. Mettez dessus deux autres feuilles de brick dorées, encore de la crème chantilly, puis deux feuilles de brick, et terminez par des petites portions de chantilly. Servez aussitôt.

Dans la cavité des pommes avec le beurre et le sucre, ajoutez également 1 c.s. de calvados.

Profiteroles à la chantilly de marron & chocolat chaud

Moyen

- Fouettez 15 cl de crème liquide et 3 c.s. d'eau froide avec la crème de marrons.
- Versez dans le siphon, fermez-le, mettez la capsule de gaz et secouez vivement.
- Placez le siphon au moins 1 heure au réfrigérateur.
- Faites fondre au micro-ondes le chocolat avec 2 cl de crème liquide. Coupez les chouquettes en deux.
- Farcissez chaque chouquette de chantilly aux marrons et placez-les dans 4 assiettes.
- Versez le chocolat chaud sur les choux et servez aussitôt.

Vous pouvez décorer de marrons glacés cassés en morceaux.

* *Ingrédients :*
12 chouquettes
17 cl de crème iquide entière
6 c.s. de crème de marrons
60 g de chocolat noir

* *Préparation : 15 mn*
* *Cuisson : 2 mn*
* *Pour 4 personnes*

Mini-tartelettes à la chantilly de kiwi *

Facile

- Mixez longuement le sucre et 2 kiwis épluchés et coupés en morceaux, afin d'obtenir une purée lisse.
- Filtrez-la ensuite dans une passoire fine au-dessus d'un bol. Ajoutez la crème et le sirop de menthe. Mélangez longuement. Versez dans le siphon, fermez-le, mettez la capsule de gaz et secouez vivement.
- Placez au moins 1 heure au réfrigérateur. Disposez la pâte sablée dans 4 moules à tartelettes.
- Piquez la pâte et posez dessus des légumes secs ou du riz. Faites cuire au four préchauffé à 180°C (th 6) pendant 20 minutes.
- Quand les tartelettes sont encore chaudes, retirez les légumes secs. Coupez le kiwi restant en fines rondelles.
- Remplissez chaque tartelette tiède de chantilly au kiwi et décorez de quelques tranches fines de kiwi. Servez aussitôt.

Si vous n'avez pas le temps de les faire vous-même, demandez à votre pâtissier de vous faire les fonds de tartelettes.

* *Ingrédients :*
1 rouleau de pâte sablée
3 kiwis
15 cl de crème fraîche liquide entière
100 g de sucre en poudre
1 c.s. de sirop de menthe

* *Préparation : 15 mn*
* *Cuisson : 20 mn*
* *Pour 4 personnes*

▶ Facile

Pêches melba à la chantilly de groseilles & amandes

* *Ingrédients :*
4 pêches au sirop
15 cl de crème liquide entière
100 g de groseilles + 4 grappes pour le décor
½ c.c. d'extrait d'amandes amères
60 g de sucre
30 g d'amandes effilées

* *Préparation : 10 mn*
* *Cuisson : 1 mn*
* *Pour 4 personnes*

- Mixez longuement les groseilles égrappées avec le sucre. Mélangez-les avec la crème liquide et l'extrait d'amandes amères.
- Filtrez le tout dans une passoire fine. Versez dans le siphon, fermez-le, mettez la capsule de gaz et secouez vivement.
- Placez au réfrigérateur au moins 1 heure. Faites dorer les amandes dans une poêle sèche.
- Dans chaque coupe, disposez un oreillon de pêche, puis de la chantilly aux groseilles. Saupoudrez d'amandes effilées dorées et décorez de grappes de groseilles. Servez aussitôt.

Vous pouvez ajouter une boule de glace à l'amande dans chaque coupe.

▶ Facile

Poires rôties à la chantilly d'épices *

* *Ingrédients :*
4 belles poires
40 g de beurre
4 c.s. de miel
15 cl de crème fraîche liquide entière
Le jus de ½ citron
Épices mélangées (1 étoile de badiane, un bâton de cannelle, 5 grains de poivre, 1 clou de girofle)
80 g de sucre en poudre

* *Préparation : 15 mn*
* *Cuisson : 45 mn*
* *Pour 4 personnes*

- Dans une casserole, faites chauffer la crème avec le sucre et les épices. À ébullition, couvrez la casserole et éteignez le feu.
- Laissez infuser pendant 10 minutes avant de filtrer dans une passoire fine. Ajoutez le jus de citron et mélangez.
- Versez la crème dans le siphon, fermez-le, mettez la capsule de gaz et secouez vivement. Mettez au réfrigérateur au moins 1 heure.
- Pelez le haut des poires en gardant la peau sur le bas des fruits. Coupez le haut de chaque poire avec la queue à 4 cm du haut. À l'aide d'un couteau, creusez les fruits afin de retirer les pépins.
- Dans la cavité de chaque poire, déposez un peu de beurre et une c.s. de miel. Remettez le haut des poires.
- Disposez les poires dans un plat à four et mettez un ½ cm d'eau au fond. Faites cuire pendant 35 minutes dans le four préchauffé à 180°C (th 6).
- Laissez tiédir les poires, puis ajoutez de la chantilly aux épices. Servez aussitôt.

Salade de fruits rouges
à la chantilly de fraises citronnée

Moyen

- Lavez les fraises, retirez les pédoncules et coupez-les en morceaux. Faites fondre le beurre dans une poêle et ajoutez les fraises coupées et le sucre.
- Faites cuire 7 minutes à feu doux en remuant sans arrêt. Versez le contenu de la poêle dans le mixeur. Mixez longuement, puis versez dans une passoire fine.
- Filtrez et mélangez à la crème liquide et au poivre.
- Versez dans le siphon, fermez-le, mettez la capsule de gaz et secouez vivement. Placez au réfrigérateur au moins 1 heure.
- Lavez les fruits rouges et placez-les dans 4 ramequins ou 4 verres larges. Garnissez de chantilly de fraises et servez aussitôt.

Remplacez le poivre par du piment d'Espelette si vous aimez le piquant.

* *Ingrédients :*
600 g de fruits rouges mélangés (fraises, framboises, groseilles, myrtilles, cassis, etc.)
200 g de fraises
40 g de beurre
60 g de sucre
15 cl de crème liquide entière
Le jus d'un citron
1 grosse pincée de poivre

* *Préparation : 15 mn*
* *Cuisson : 7 mn*
* *Pour 4 personnes*

Salade de quartiers de pomelo
à la chantilly d'avocat*

Moyen

- Pelez les pomelos à vif en retirant aussi la petite peau blanche. Prélevez les quartiers avec un couteau bien aiguisé au dessus d'un bol afin de récolter le jus. Réservez les quartiers au frais.
- Faites tremper la gélatine dans l'eau froide pendant 5 minutes. Mélangez le jus des pomelos et le jus de citron. Faites chauffer. À ébullition, retirez du feu et incorporez-y la gélatine bien essorée.
- Coupez les avocats en deux, retirez les noyaux et prélevez la chair. Mixez la chair avec la crème et le sucre afin d'obtenir une purée lisse. Ajoutez le jus à la gélatine et mélangez longuement.
- Versez cette préparation dans le siphon, fermez-le, mettez la capsule de gaz et secouez vivement. Placez au réfrigérateur au moins 1 heure
- Au moment de servir, versez de la chantilly d'avocat dans des ramequins, disposez dessus des quartiers de pomelos. Servez aussitôt.

* *Ingrédients :*
4 pomelos
2 avocats mûrs
5 cl de crème liquide entière
Le jus d'un citron vert
160 g de sucre
½ feuille de gélatine

* *Préparation : 25 mn*
* *Cuisson : 1 mn*
* *Pour 4 personnes*

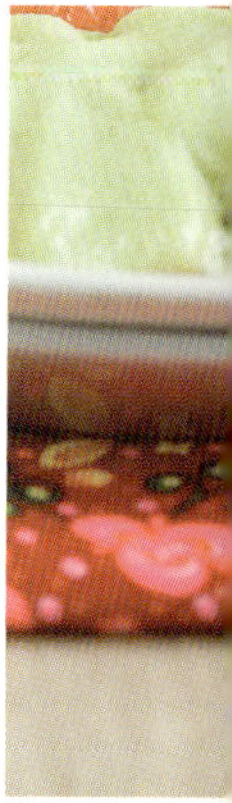

▶ Moyen

Soupe de fraises
à la chantilly de vinaigre balsamique

* *Ingrédients :*
  600 g de petites fraises
  15 cl de crème liquide entière
  3 c.s. de vinaigre balsamique
  5 cl de sirop de canne
  50 g de sucre en poudre
  1 carambar
  1 c.s. d'eau de rose

* *Préparation : 20 mn*
* *Cuisson : 10 mn*
* *Pour 4 personnes*

- Coupez le carambar en morceaux et faites-le fondre dans une casserole avec la crème liquide.
- Retirez du feu, ajoutez le vinaigre et le sucre en poudre et mélangez bien. Laissez refroidir.
- Verser la crème au vinaigre dans le siphon, fermez-le, mettez la capsule de gaz et secouez vivement. Placez au moins 1 heure au réfrigérateur.
- Lavez, équeutez les fraises, puis coupez-les en deux. Répartissez-les dans 4 grands verres. Faites chauffer le sirop de canne avec l'eau de rose.
- À ébullition, versez le sirop chaud sur les fraises et mettez les verres au réfrigérateur au moins 1 heure.
- Au moment de servir, remplissez le haut des verres avec la chantilly au vinaigre. Décorez d'une fraise et servez aussitôt.

▶ Facile

Tartelettes aux pommes
à la chantilly de crème de coco

* *Ingrédients :*
  3 pommes à cuire
  1 rouleau de pâte brisée
  50 g de beurre
  60 g de sucre
  10 cl de crème liquide épaisse
  5 cl de lait de coco
  60 g de sucre en poudre
  Le jus d'un citron
  1 jaune d'œuf

* *Préparation : 20 mn*
* *Cuisson : 30 mn*
* *Pour 4 personnes*

- Fouettez la crème liquide avec le lait de coco, le jus de citron, le jaune d'œuf et le sirop de sucre.
- Versez la crème à la noix de coco dans le siphon, fermez-le, mettez la capsule de gaz et secouez vivement. Placez au moins 1 heure au réfrigérateur.
- Coupez le rouleau de pâte en 4 morceaux égaux et disposez-les dans les moules à tartelettes beurrés. Mettez les moules au réfrigérateur.
- Pelez les pommes, épépinez-les, coupez-les en quatre puis encore en quatre. Saupoudrez le fond des tartes de la moitié du sucre en poudre, puis disposez les lamelles de pomme.
- Saupoudrez du restant de sucre et de petits morceaux de beurre. Faites cuire les tartelettes au four préchauffé à 180°C (th 6) pendant 30 minutes. Laissez-les tiédir.
- Au moment de servir, recouvrez le dessus des tartelettes de chantilly de lait de coco.

Tiramisu à la chantilly de framboises

Moyen ◀

- Mixez 50 g de framboises avec le mascarpone, le sucre, le jaune d'œuf et 1 c.s. d'alcool de framboise. Filtrez ce mélange dans une passoire fine.
- Ajoutez la crème liquide et mélangez. Versez dans le siphon, fermez-le, mettez la capsule de gaz et secouez vivement. Placez au réfrigérateur au moins 1 heure.
- Concassez grossièrement les biscuits et mettez-les dans un saladier. Mélangez les 2 c.s. d'alcool de framboise restantes avec 2 c.s. d'eau tiède, et versez sur les biscuits. Mélangez.
- Dans quatre verres, intercalez des biscuits, des framboises et de la chantilly de framboises. Répétez l'opération deux fois en terminant par de la chantilly. Servez aussitôt.

Vous pouvez mélanger des groseilles et des myrtilles aux framboises dans ce dessert.

* *Ingrédients :*
120 g de mascarpone
5 cl de crème liquide entière
60 g de sucre
1 jaune d'œuf
200 g de framboises
3 c.s. d'alcool de framboise
1 paquet de biscuits Paille d'or

* *Préparation : 15 mn*
* *Pour 4 personnes*

Bananes à l'étouffée
à l'écume de confiture de lait

Moyen ◀

- Dans un saladier, fouettez le lait et la confiture de lait.
- Versez dans le siphon, fermez-le, mettez la capsule de gaz et secouez vivement. Placez au réfrigérateur au moins 1 heure.
- Épluchez les bananes. Versez l'huile d'amandes dans une cocotte et posez les bananes dessus.
- Saupoudrez de gingembre, de sucre et versez le jus de citron. Faites cuire les bananes pendant 20 minutes à feu très doux et à couvert en les retournant de temps en temps.
- Servez les bananes chaudes accompagnées d'écume de confiture de lait.

Pour faire votre propre confiture de lait, faites cuire dans beaucoup d'eau une boîte de lait concentré sucré fermé pendant 3 heures (ou bien une heure à la cocotte-minute).

* *Ingrédients :*
8 bananes
15 cl de lait
6 c.s. de confiture de lait
1 c.c. de gingembre en poudre
3 c.s. de sucre
Le jus d'un citron vert
2 c.s. d'huile d'amandes grillées

* *Préparation : 10 mn*
* *Cuisson : 20 mn*
* *Pour 4 personnes*

Carpaccio d'ananas rôti
à l'écume de combava*

Moyen ◀

- Faites bouillir 10 cl d'eau. Prélevez 2 cm d'écorce de combava, coupez-la en morceaux et mettez-la dans l'eau bouillante.
- Couvrez la casserole et laissez infuser, hors du feu, pendant 10 minutes. Retirez les morceaux de combava et ajoutez 5 cl de sirop de sucre. Amenez à ébullition et laissez cuire environ 10 minutes.
- Faites tremper la gélatine dans l'eau froide pendant 5 minutes. Hors du feu, faites fondre la gélatine essorée dans le sirop bouillant. Laissez refroidir.
- Verser dans le siphon, fermez-le, mettez la capsule de gaz et secouez vivement. Placez au réfrigérateur au moins 1 heure. Épluchez l'ananas.
- Placez-le dans un plat à four et couvrez-le de cannelle et du sirop restant. Versez 2 c.s. d'eau au fond du plat. Faites cuire l'ananas au four préchauffé à 150°C pendant 40 mn en le retournant de temps en temps.
- Servez l'ananas tiède coupé en rondelles et accompagné de l'écume de combava.

* *Ingrédients :*
1 ananas Victoria
1 combava
10 cl de sirop de sucre
½ c.c. de cannelle en poudre
½ feuille de gélatine

* *Préparation : 15 mn*
* *Cuisson : 50 mn*
* *Pour 4 personnes*

▶ Moyen

Crumble de rhubarbe écume d'orange

* *Ingrédients :*
600 g de rhubarbe surgelée en morceaux
1 citron
150 g de farine
120 g de beurre
120 g de sucre
20 cl de jus d'orange frais
1 feuille de gélatine
1 c.s. de Cointreau

* *Préparation : 10 mn*
* *Cuisson : 30 mn*
* *Pour 4 personnes*

- Faites tremper la gélatine dans un bol d'eau froide pendant 5 minutes. Versez 10 cl de jus d'orange dans une casserole. Portez à ébullition. Hors du feu, faites-y dissoudre la gélatine.
- Versez le reste de jus d'orange et le Cointreau dans la casserole. Laissez refroidir.
- Verser dans le siphon, fermez-le, mettez la capsule de gaz et secouez vivement. Placez au réfrigérateur au moins 1 heure avant de servir.
- Dans une casserole, versez la rhubarbe surgelée, le jus de citron, 40 g de beurre et 80 g de sucre.
- Couvrez et faites cuire à feu doux pendant 30 minutes. Ajoutez un peu d'eau si nécessaire. Préchauffez le four.
- Mélangez du bout des doigts la farine, 80 g de beurre et le sucre restant afin d'obtenir un mélange granuleux.

▶ Facile

Coings à l'écume de lemon curd

* *Ingrédients :*
4 coings
100 g de lemon curd
1 feuille de gélatine
60 g de beurre
60 g de sucre

* *Préparation : 15 mn*
* *Cuisson : 40 mn*
* *Pour 4 personnes*

- Faites tremper la gélatine dans l'eau froide pendant 5 minutes. Versez 10 cl d'eau dans une casserole, portez à ébullition et, hors du feu, faites-y fondre la gélatine.
- Ajoutez le lemon curd, mélangez et laissez refroidir. Versez dans le siphon, fermez-le, mettez la capsule de gaz et secouez vivement.
- Lavez les coings et essuyez-les. Coupez un chapeau en haut des coings et creusez l'intérieur afin de retirer les pépins.
- Dans la cavité, ajoutez du beurre et du sucre, remettez le chapeau. Faites cuire les coings au four préchauffé à 180°C (th 6) pendant 40 mn en ajoutant un peu d'eau au fond du plat.
- Servez les coings tièdes accompagnés d'écume de lemon curd.

Le lemon curd, qui est une sorte de confiture de citron britannique, se trouve facilement au supermarché dans le rayon confiture.

Compotée d'abricots secs à l'écume de noix de coco*

Facile

- Faites fondre le miel sans trop le chauffer, puis versez-le dans un bol avec le lait de coco, le yaourt, le jus de citron vert.
- Mélangez longuement.
- Versez dans le siphon, fermez-le, mettez la capsule de gaz et secouez vivement.
- Faites cuire à feu doux les abricots secs dans le jus de citron jaune avec le sucre et 10 cl d'eau.
- Laissez cuire 15 minutes en remuant de temps en temps.
- Servez les abricots tièdes accompagnés d'écume de noix de coco.

Vous pouvez parsemer vos abricots de pignons dorés à la poêle sèche avant de mettre l'écume de noix de coco.

Ingrédients :

500 g d'abricots secs moelleux

Le jus d'un citron jaune

Le jus de ½ citron vert

80 g de sucre

20 cl de lait de coco

100 g de miel

50 g de yaourt

Préparation : 10 mn
Cuisson : 15 mn
Pour 4 personnes

Crème brûlée à l'écume de réglisse

Moyen

- Faites chauffer la crème. Retirez la casserole du feu avant l'ébullition.
- Dans un saladier, fouettez le sucre et les jaunes d'œufs. Versez peu à peu la crème chaude sans cesser de battre. Versez le mélange dans 4 ramequins ou verres allant au four. Placez-les dans un plat creux et versez-y de l'eau jusqu'à 1 cm des bords des ramequins.
- Faites cuire au four préchauffé à 180°C (th 6) pendant 25 minutes environ. Sortez les ramequins et laissez-les refroidir.
- Placez-les au réfrigérateur au moins 3 heures avant de servir. Faites tremper la gélatine dans un bol d'eau froide pendant 5 minutes.
- Versez 15 cl d'eau dans une casserole et faites-y fondre la réglisse. Hors du feu, faites fondre la gélatine dans le liquide chaud. Laissez refroidir.
- Verser dans le siphon, fermez-le, mettez la capsule de gaz et secouez vivement. Servez les crèmes recouvertes d'écume de réglisse.

Ingrédients :

60 cl de crème fraîche liquide

5 jaunes d'œufs

180 g de sucre en poudre

5 rouleaux de réglisse

1 feuille de gélatine

Préparation : 10 mn
Cuisson : 1 mn
Pour 4 personnes

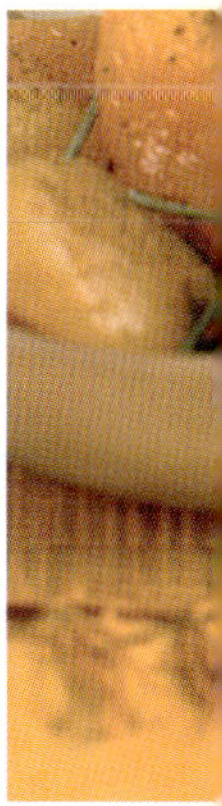

▶ Facile

Mangues pochées aux épices
à l'écume de badiane*

* *Ingrédients :*
4 mangues
7 cl de sirop de canne
2 badianes
1 bâton de cannelle
2 clous de girofle
3 grains de poivre
50 cl de sucre
1 ½ feuille de gélatine

* *Préparation :20 mn*
* *Cuisson : 25 mn*
* *Pour 4 personnes*

- Faites chauffer 40 cl d'eau avec la badiane et le sucre.
- Faites cuire 10 minutes à feu doux, couvrez et laissez infuser hors du feu pendant 10 minutes. Retirez les badianes. Faites tremper la gélatine 5 minutes dans l'eau froide. Réchauffez le sirop de badiane. Hors du feu, faites-y fondre la gélatine bien essorée et laissez refroidir.
- Versez dans le siphon, fermez-le, mettez la capsule de gaz et secouez vivement. Placez au réfrigérateur au moins 1 heure. Épluchez les mangues, coupez-les en lamelles.
- Versez dans une poêle antiadhésive le sirop de canne, les épices et les tranches de mangue. Faites cuire à feu doux pendant 15 minutes en retournant les mangues de temps en temps.
- Servez les mangues tièdes ou froides accompagnées d'écume de badiane.

▶ Facile

Fontainebleaux
à l'écume de miel de citron & groseilles

* *Ingrédients :*
4 Fontainebleaux
200 g de groseilles
10 cl de miel liquide
1 citron
1 feuille de gélatine

* *Préparation : 15 mn*
* *Cuisson : 3 mn*
* *Pour 4 personnes*

- Mixez longuement les groseilles égrappées. Prélevez le zeste du citron, puis pressez-le. Faites tremper la gélatine dans un bol d'eau froide. Faites fondre le miel dans une casserole avec le zeste de citron. Portez à ébullition et laissez cuire à feu doux pendant 3 minutes.
- Incorporez la gélatine bien essorée au liquide chaud. Dans la casserole, versez le jus de citron, 8 cl d'eau et la purée de groseilles.
- Laissez refroidir avant de filtrer dans une passoire fine. Versez le tout dans le siphon, fermez-le, mettez la capsule de gaz et secouez vivement.
- Servez dans des assiettes à dessert les fontainebleaux entourés d'écume de citron aux groseilles.

Achetez vos fontainebleaux chez un bon fromager ; ils n'en seront que meilleurs.

Melons refroidis à l'écume de pastis

Facile ◀

- Faites tremper la gélatine dans un bol d'eau froide pendant 5 minutes. Versez 10 cl d'eau dans une casserole. Portez à ébullition. Hors du feu, faites-y dissoudre la gélatine essorée.
- Ajoutez le pastis et mélangez. Laissez refroidir.
- Verser dans le siphon, fermez-le, mettez la capsule de gaz et secouez vivement. Placez au réfrigérateur au moins 1 heure.
- Coupez les melons en deux et retirez les pépins à l'aide d'une petite cuillère.
- Mettez-les ½ heure au congélateur. Remplissez la cavité de chaque melon avec de l'écume de pastis. Servez immédiatement.

En hiver, vous pouvez remplacer le melon frais par des billes de melon surgelées que vous placerez dans des verres avec l'écume de pastis.

* *Ingrédients :*
2 melons
10 cl de pastis
60 g de sucre en poudre
1 feuille de gélatine

* *Préparation : 15 mn*
* *Cuisson : 1 mn*
* *Pour 4 personnes*

Mousse au chocolat glacée
à l'écume de menthe*

Facile ◀

- Faites fondre au four à micro-ondes le chocolat avec la crème fraîche. Ajoutez le beurre et les jaunes d'œufs. Mélangez bien.
- Battez les blancs d'œufs en neige jusqu'à ce qu'ils soient bien fermes. Ajoutez le sucre et continuez à battre quelques instants. Incorporez très délicatement les blancs au mélange de chocolat.
- Répartissez le mélange dans 4 petits verres hauts, à 5 cm du bord, et placez au réfrigérateur au moins 6 heures.
- Placez les verres au congélateur ½ heure avant de servir. Faites tremper la gélatine 5 minutes dans l'eau froide.
- Portez 5 cl d'eau à ébullition et, hors du feu, faites-y fondre la gélatine bien essorée.
- Ajoutez ensuite 10 cl d'eau froide, le sirop de menthe et le rhum. Versez dans le siphon, fermez-le, mettez la capsule de gaz et secouez vivement.
- Placez au réfrigérateur au moins 1 heure. Servez la mousse au chocolat glacée recouverte d'écume de menthe.

* *Ingrédients :*
100 g de chocolat noir
5 cl de crème fraîche liquide
70 g de beurre
2 œufs
25 g de sucre en poudre
5 cl de sirop de menthe
1 feuille de gélatine
2 c.s. de rhum brun

* *Préparation : 20 mn*
* *Cuisson : 2 mn*
* *Pour 4 personnes*

▶ Moyen

Oreillons d'abricots
à l'écume d'abricots & turon *

* *Ingrédients :*
22 oreillons d'abricots en boîte + 3 pour le décor
100 g de turon de Gijon
5 cl de crème liquide entière
5 cl de lait

* *Préparation : 10 mn*
* *Pour 4 personnes*

- Mixez longuement 6 oreillons d'abricots avec le turon en morceaux.
- Fouettez la purée d'abricots avec la crème liquide et le lait. Filtrez dans une passoire fine.
- Versez le tout dans le siphon, fermez-le, mettez la capsule de gaz et secouez vivement. Mettez au réfrigérateur au moins 1 heure.
- Dans des ramequins, intercalez des oreillons d'abricots et de l'écume d'abricots au turon. Finissez par l'écume.
- Décorez de lamelles d'abricots. Servez aussitôt.

Le turon de Gijon est un nougat mou espagnol de couleur marron fait à base d'amandes, de miel et de blancs d'œufs.

▶ Moyen

Petits pots de crème vanille
à l'écume de caramel salé *

* *Ingrédients :*
30 cl de crème liquide entière
20 cl de lait
3 jaunes d'œufs
100 g de sucre en poudre
1 gousse de vanille
50 g de caramels mous au beurre salé

* *Préparation : 20 mn*
* *Cuisson : 30 mn*
* *Pour 4 personnes*

- Versez le lait et 20 cl de crème dans une casserole. Coupez la vanille en deux dans le sens de la longueur. Grattez les graines de l'intérieur au-dessus de la casserole et mettez-y également la gousse. Portez à ébullition.Battez les jaunes d'œuf et le sucre dans un saladier jusqu'à ce que le mélange blanchisse.
- Versez le lait bouillant petit à petit, en remuant sans arrêt. Retirez la gousse de vanille. Versez ensuite dans 4 petits ramequins ou dans 4 verres allant au four. Remplissez-les à 3 cm du bord.
- Faites cuire les crèmes au bain-marie dans le four préchauffé à 180°C (th 6) pendant environ 25 minutes. Les crèmes doivent être prises. Laissez refroidir et mettez-les dans le réfrigérateur au moins 2 heures.
- Faites chauffer les 10 cl de crème restante avec les caramels. Remuez pour que les caramels soient entièrement fondus. Laissez refroidir le mélange.
- Verser dans le siphon, fermez-le, mettez la capsule de gaz et secouez vivement. Placez au réfrigérateur au moins 1 heure. Servez les crèmes bien froides nappées d'écume de caramel.

▶ Moyen

Soufflé glacé à la framboise
& à l'écume d'amaretto

* *Ingrédients :*
300 g de framboises
80 g de sucre en poudre
10 cl de crème liquide entière
7 cl d'amaretto
1 feuille de gélatine

* *Préparation : 15 mn*
* *Cuisson : 1 mn*
* *Pour 4 personnes*

- Mixez les framboises et filtrez-les dans une passoire fine. Montez la crème liquide très froide en chantilly. Quand la crème est presque montée, incorporez le sucre et continuez à battre quelques instants.
- Mélangez délicatement avec le coulis de framboises. Versez cette préparation dans des ramequins à 3 cm du bord. Placez-les au réfrigérateur pendant 3 heures minimum.
- Faites tremper la gélatine dans un bol d'eau froide pendant 5 minutes. Portez à ébullition 8 cl d'eau dans une casserole et faites-y fondre la gélatine essorée hors du feu.
- Ajoutez l'amaretto dans la casserole, mélangez et laissez refroidir. Versez dans le siphon, fermez-le, mettez la capsule de gaz et secouez vivement 20 minutes avant de servir, mettez les soufflés à la framboise dans le congélateur. Au bout de ce temps, sortez les ramequins et remplissez-les avec l'écume d'amaretto et servez aussitôt.

▶ Moyen

Salade d'agrumes
à l'écume de zeste d'agrumes

* *Ingrédients :*
1 pomelo
2 oranges
3 clémentines
1 citron
8 cl de sirop de sucre
3 c.s. de fleur d'oranger
1 feuille de gélatine

* *Préparation : 20 mn*
* *Cuisson : 5 mn*
* *Pour 4 personnes*

- À l'aide d'un couteau économe, prélevez le zeste d'une orange, du citron et de la moitié du pomelo.
- Faites chauffer le sirop de canne avec les zestes dans une casserole. Laissez cuire à feu doux pendant 5 minutes.Faites tremper la gélatine dans un bol d'eau froide pendant 5 minutes.
- Essorez-la puis incorporez-la hors du feu dans le sirop chaud. Ajoutez 10 cl d'eau froide et laissez refroidir complètement. Retirez les zestes. Versez le sirop dans le siphon, fermez-le, mettez la capsule de gaz et secouez vivement. Mettez au réfrigérateur au moins 1 heure.
- Pelez les agrumes à vif : retirez la peau ainsi que la petite peau blanche. Coupez-les en morceaux et placez-les ainsi que leur jus dans un saladier.
- Versez l'eau de fleur d'oranger sur les fruits et mélangez. Réservez au frais jusqu'au moment de servir. Servez la salade d'agrumes dans des verres avec l'écume d'agrumes disposée sur le dessus.

Salade de fraises à l'écume de piment d'Espelette citronnée

Facile

- Faites tremper la gélatine dans l'eau froide pendant 5 minutes. Faites chauffer le jus de citron et, hors du feu, faites-y fondre la gélatine bien essorée.
- Mélangez le jus de citron avec le jus de fraises, le piment d'Espelette et le sucre en poudre. Laissez refroidir.
- Verser dans le siphon, fermez-le, mettez la capsule de gaz et secouez vivement. Placez au réfrigérateur au moins 1 heure.
- Lavez les fraises, équeutez-les et coupez-les en deux ou en quatre, en fonction de leur taille.
- Mettez les fraises dans des grands verres et ajoutez l'écume de piment citronnée. Servez aussitôt.

Si vous n'avez pas de piment d'Espelette, utilisez ½ c.c. de piment en poudre.

* *Ingrédients :*
400 g de fraises
10 cl de jus de fraises frais
10 cl de jus de citron
1 c.c. de piment d'Espelette
100 g de sucre en poudre
1 ½ feuille de gélatine

* *Préparation : 15 mn*
* *Cuisson : 1 mn*
* *Pour 4 personnes*

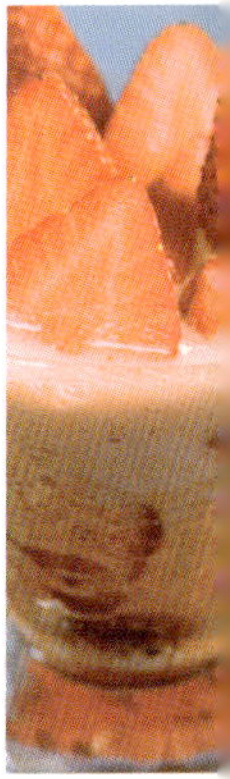

▶ Facile

Espumas AS

* *Ingrédients :*
  8 cl de gin
  10 cl de jus de pamplemousse
  3 cl de Soho
  10 cl de crème liquide entière

* *Préparation : 5 mn*
* *Pour 2 verres*

- Mélangez la crème liquide avec le soho.
- Versez dans le siphon, fermez-le, mettez la capsule de gaz et secouez vivement.
- Placez au réfrigérateur au moins 1 heure.
- Mélangez le gin avec le jus de pamplemousse puis versez dans 2 verres hauts.
- Disposez sur le dessus la chantilly de Soho.

Cette recette a été imaginée par Adrien, le pro des cocktails ! Merci de cette belle recette inattendue !

▶ Facile

Espumas B52 *

* *Ingrédients :*
  6 cl Kahlua
  6 cl de Baileys
  5 cl de crème liquide
  2 cl de Grand Marnier

* *Préparation : 5 mn*
* *Pour 2 verres*

- Mélangez la crème et le Grand Marnier.
- Versez dans le siphon, fermez-le, mettez la cartouche de gaz et secouez vivement.
- Mettez au réfrigérateur pendant au moins 1 heure.
- Versez le Kahlua dans chaque verre, puis faites couler délicatement le Baileys par-dessus de manière à ce qu'il ne se mélange pas au Kahlua.
- Disposez la chantilly au Grand Marnier sur le tout.
- Servez aussitôt avec une paille.

Le Baileys est une liqueur de whisky irlandaise.

Espumas Alexandra

Facile

- Mélangez la crème liquide avec la crème de cacao.
- Versez dans le siphon, fermez-le, mettez la cartouche de gaz et secouez vivement.
- Mettez au réfrigérateur pendant au moins 1 heure.
- Versez le cognac dans les verres, posez une boule de glace au chocolat et terminez par la chantilly à la crème de cacao.

Vous pouvez saupoudrer de cacao en poudre le dessus de la chantilly.

* *Ingrédients :*
8 cl de cognac
2 toutes petites boules de glace au chocolat
8 cl de crème liquide entière
6 cl de crème de cacao

* *Préparation : 5 mn*
* *Pour 2 verres*

Espumas Bloody Mary*

Facile

- Faites tremper la gélatine dans l'eau froide pendant 5 minutes. Versez 2 c.s. d'eau et le jus de citron dans une casserole. Faites chauffer.
- À ébullition, retirez du feu et incorporez-y la gélatine bien essorée. Mélangez le jus de tomate, le jus de citron gélatiné et une pincée de sel de céleri.
- Versez dans le siphon, fermez-le, mettez la capsule de gaz et secouez vivement. Mettez au réfrigérateur pendant au moins 1 heure.
- Versez la vodka dans les verres, ajoutez une boule de glace par verre et finissez par l'écume de tomate.
- Servez avec une cuillère afin de mélanger l'écume et l'alcool.

Pour rajouter du piquant à votre cocktail, ajoutez un trait de tabasco sur l'écume de tomate.

* *Ingrédients :*
8 cl de vodka
2 petites boules de glace au citron
20 cl de jus de tomate
1 feuille de gélatine
Le jus de ½ citron
Sel de céleri

* *Préparation : 5 mn*
* *Pour 2 verres*

▶ Facile

Espumas Blue Lagoon *

* *Ingrédients :*
8 cl de vodka
2 toutes petites boules de glace au citron
4 cl de curaçao
½ feuille de gélatine

* *Préparation : 5 mn*
* *Pour 2 verres*

- Faites tremper la gélatine pendant 5 minutes dans l'eau froide. Versez 6 cl d'eau dans une casserole et portez à ébullition. Retirez du feu et incorporez la gélatine bien essorée.
- Versez le curaçao dans la casserole, mélangez et laissez refroidir.
- Verser dans le siphon, fermez-le, mettez la cartouche de gaz et secouez vivement.
- Mettez au réfrigérateur pendant au moins 1 heure.
- Versez la vodka dans les verres, ajoutez une boule de glace par verre et finissez par l'écume de curaçao.

Laissez toujours votre bouteille de vodka dans le congélateur et vous aurez un cocktail bien plus frais.

▶ Facile

Espumas Cosmopolitan

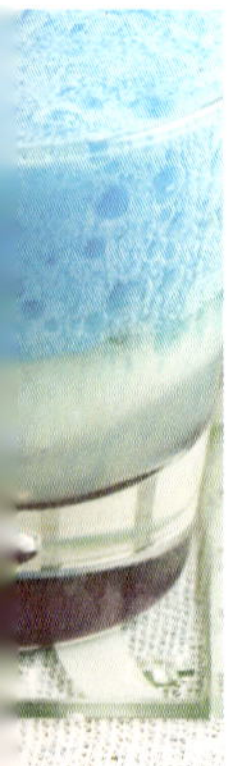

* *Ingrédients :*
8 cl de vodka
4 cl de jus de canneberges
4 cl de Cointreau
15 cl de sorbet au citron vert
1 feuille de gélatine

* *Préparation : 5 mn*
* *Pour 2 verres*

- Faites fondre presque entièrement le sorbet au citron vert dans un grand bol.
- Faites tremper la gélatine dans l'eau froide pendant 5 minutes. Prélevez 5 c.s. de sorbet et faites-le chauffer.
- À ébullition, retirez du feu et incorporez-y la gélatine bien essorée.
- Mélangez le sorbet à la gélatine de la casserole avec celui du bol.
- Versez dans le siphon, fermez-le, mettez la capsule de gaz et secouez vivement. Mettez au réfrigérateur pendant au moins 1 heure.
- Versez dans les verres le jus de canneberges, la vodka et le Cointreau. Mélangez.
- Posez sur le dessus l'écume de citron vert.

Espumas Cuba libre *

Facile ◀

- Faites tremper la gélatine pendant 5 minutes dans l'eau froide. Faites chauffez 2 c.s. de coca.
- À ébullition, retirez du feu et incorporez la gélatine bien essorée.
- Versez 20 cl de coca dans la casserole et remuez bien.
- Versez le mélange dans le siphon, fermez-le, mettez la capsule de gaz et secouez vivement.
- Mettez au réfrigérateur pendant au moins 1 heure.
- Versez le rhum dans les verres, ajoutez le coca restant, puis les boules de glace, et finissez par l'écume de coca.

Il est normal que le coca en espumas soit de couleur marron clair, comme la mousse de coca quand on la sert dans un verre.

* *Ingrédients :*
10 cl de rhum
2 petites boules de glace au citron
30 cl de coca-cola
1 feuille de gélatine

* *Préparation : 5 mn*
* *Pour 2 verres*

Espumas Pina colada

Facile ◀

- Faites tremper la gélatine pendant 5 minutes dans l'eau froide. Prélevez 5 c.s. de jus d'ananas et faites-le chauffer dans une casserole.
- À ébullition, retirez du feu et incorporez la gélatine bien essorée.
- Mélangez le jus à la gélatine avec le reste de jus d'ananas.
- Versez dans le siphon, fermez-le, mettez la capsule de gaz et secouez vivement. Mettez au réfrigérateur pendant au moins 1 heure.
- Passez la crème de coco, le rhum et le sorbet ananas dans un mixeur. Versez le mélange dans les verres et terminez avec l'écume d'ananas.

Ce cocktail n'est que meilleur si vous remplacez le jus d'ananas par de l'ananas frais fait à la centrifugeuse puis filtré.

* *Ingrédients :*
8 cl de crème de coco
10 cl de rhum blanc
2 petites boules de sorbet à l'ananas
10 cl de jus d'ananas
½ feuille de gélatine

* *Préparation : 5 mn*
* *Pour 2 verres*

▶ Facile

Espumas Kir *

* *Ingrédients :*
  15 cl de vin blanc sec
  12 cl de sorbet de cassis
  ½ feuille de gélatine

* *Préparation : 5 mn*
* *Pour 2 verres*

- Laissez fondre le sorbet de cassis.
- Faites tremper la gélatine pendant 5 minutes dans l'eau froide. Faites chauffer 3 c.s. de sorbet de cassis fondu. À ébullition, retirez du feu et incorporez-y la gélatine bien essorée.
- Versez dans la casserole le reste du sorbet de cassis. Mélangez.
- Versez dans le siphon, fermez-le, mettez la capsule de gaz et secouez vivement.
- Mettez au réfrigérateur pendant au moins 1 heure.
- Versez le vin très froid dans 2 grands verres et posez l'écume de cassis sur le dessus.

Vous pouvez faire ce kir également avec du sorbet à la framboise, ou même à la mûre.

▶ Facile

Espumas Side-Car

* *Ingrédients :*
  5 cl de cognac
  5 cl de Cointreau (ou Triple Sec)
  15 cl de sorbet au citron
  1 feuille de gélatine

* *Préparation : 5 mn*
* *Pour 2 verres*

- Laissez fondre le sorbet au citron.
- Faites tremper la gélatine pendant 5 minutes dans l'eau froide. Faites chauffer 3 c.s. de sorbet.
- À ébullition, retirez du feu et incorporez la gélatine bien essorée.
- Versez dans la casserole le reste du sorbet au citron. Mélangez.
- Versez dans le siphon, fermez-le, mettez la capsule de gaz et secouez vivement.
- Mettez au réfrigérateur pendant au moins 1 heure.
- Mélangez le cognac et le Cointreau. Versez dans 2 verres hauts et ajoutez l'écume de citron.

Servez avec une cuillère afin de mélanger l'écume et l'alcool.

Espumas Mojito *

Facile

- Faites tremper la gélatine pendant 5 minutes dans l'eau froide. Faites chauffer le sirop de menthe et 3 cl d'eau.
- À ébullition, retirez du feu et incorporez la gélatine bien essorée.
- Versez dans la casserole 6 cl d'eau bien froide. Mélangez.
- Versez dans le siphon, fermez-le, mettez la capsule de gaz et secouez vivement.
- Mettez au réfrigérateur pendant au moins 1 heure.
- Versez le rhum dans les verres, ajoutez les feuilles de menthe, les boules de sorbet et enfin l'écume de menthe.
- Servez avec une cuillère afin de mélanger l'écume et l'alcool.

Avant de mettre l'écume de menthe, versez 5 cl d'eau gazeuse dans le verre pour un cocktail moins fort.

* *Ingrédients :*
10 cl de rhum
2 petites boules de sorbet au citron vert
3 cl de sirop de menthe
½ feuille de gélatine
8 feuilles de menthe

* *Préparation : 5 mn*
* *Pour 2 verres*

Espumas Jet 27

Facile

- Faites fondre presque entièrement le sorbet à la menthe dans un grand bol.
- Faites tremper la gélatine dans l'eau froide pendant 5 minutes. Prélevez 5 c.s. de sorbet et faites-le chauffer.
- À ébullition, retirez du feu et incorporez la gélatine bien essorée.
- Mélangez le sorbet à la gélatine avec celui du bol.
- Versez dans le siphon, fermez-le, mettez la capsule de gaz et secouez vivement.
- Mettez au réfrigérateur pendant au moins 1 heure.
- Mélangez la vodka et le Jet 27. Versez dans 2 grands verres et ajoutez l'écume de menthe.

Pour un cocktail plus frais, mettez les bouteilles de vodka et de Jet 27 au réfrigérateur plusieurs heures à l'avance.

* *Ingrédients :*
10 cl de vodka
5 cl de Jet 27
15 cl de sorbet à la menthe
1 feuille de gélatine

* *Préparation : 5 mn*
* *Pour 2 verres*

▶ Moyen

Espumas Tequila Sunrise

* *Ingrédients :*
  10 cl de tequila
  3 cl de grenadine
  15 cl de sorbet à l'orange
  1 feuille de gélatine

* *Préparation : 5 mn*
* *Pour 2 verres*

- Faites fondre presque entièrement le sorbet à l'orange dans un grand bol. Faites tremper la gélatine dans l'eau froide pendant 5 minutes. Prélevez 5 c.s. de sorbet et faites-le chauffer.
- À ébullition, retirez du feu et incorporez la gélatine bien essorée. Mélangez le sorbet à la gélatine avec celui du bol.
- Versez dans le siphon, fermez-le, mettez la capsule de gaz et secouez vivement. Mettez au réfrigérateur pendant au moins 1 heure.
- Dans 2 verres hauts, versez la tequila, puis mettez l'écume d'orange. Enfin, versez très délicatement la grenadine.

On peut également faire ce cocktail avec du rhum blanc.

▶ Facile

Espumas Mont-Blanc

* *Ingrédients :*
  3 c.s. de crème de marrons
  10 cl d'armagnac
  15 cl de glace à la vanille
  1 feuille de gélatine

* *Préparation : 5 mn*
* *Pour 2 verres*

- Faites fondre presque entièrement la glace à la vanille dans un grand bol.
- Faites tremper la gélatine dans l'eau froide pendant 5 minutes. Prélevez 5 c.s. de glace et faites-la chauffer.
- À ébullition, retirez du feu et incorporez la gélatine bien essorée.
- Mélangez la glace à la gélatine avec celle du bol.
- Versez dans le siphon, fermez-le, mettez la capsule de gaz et secouez vivement.
- Mettez au réfrigérateur pendant au moins 1 heure.
- Battez ensemble la crème de marrons et l'armagnac.
- Versez le mélange dans des verres hauts et ajoutez l'écume de vanille.
- Servez avec une cuillère afin de mélanger l'écume et l'alcool.

Espumas Negroni

Facile

- Faites tremper la gélatine pendant 5 minutes dans l'eau froide.
- Faites chauffer 6 cl d'eau.
- À ébullition, retirez du feu et incorporez la gélatine bien essorée.
- Versez le Campari dans la casserole. Mélangez et laissez refroidir.
- Versez dans le siphon, fermez-le, mettez la capsule de gaz et secouez vivement.
- Mettez au réfrigérateur pendant au moins 1 heure.
- Versez le martini dans des verres, ajoutez les boules de sorbet, puis l'écume de Campari.

* *Ingrédients :*
8 cl de martini rouge
2 petites boules de sorbet à l'orange
6 cl de Campari
½ feuille de gélatine

* *Préparation : 5 mn*
* *Pour 2 verres*

- *Le meilleur de* **la Machine à pain**
  Marie Joly
- *Le meilleur des* **Papillotes**
  Fanny Matagne
- *Le meilleur des* **Smoothies**
  Fanny Matagne
- *Le meilleur des* **Terrines**
  Fanny Matagne
- *Le meilleur des* **Cakes**
  Fanny Matagne
- *Le meilleur du* **Crumble**
  Fanny Matagne
- *Le meilleur des* **Macarons**
  Thomas Feller
- *Le meilleur des* **Verrines**
  Virginie Boudsocq & Nathalie Ritz
- *Le meilleur des* **Soupes**
  Pascal Nicolas
- *Le meilleur du* **Tiramisu**
  Fanny Matagne

www.city-editions.com